왔다가 그냥 갑니다

손 철

살다 보니 늙더라

어렸을 적 누가 묻길래
내 꿈은 멋진 할아버지로 늙어가는 것
이라고 말했던 기억이 난다

은발머리에 환하고 넉넉한 미소에
잘 어우러지게 패인 주름살

손주들과 함께 장난감 가게에 들어서며
제일 가지고 싶은 것으로 고르거라
값은 따지지 말고

라고 말하며 지갑을 흔들어 보이는
멋있는 할아버지로 살고 있으니
더 이상 무슨 욕심이 있겠나?

이번 시집을
소박하고 욕심 없는 많은 사람들이
공감해 주신다면 참 좋겠다

                        2021년 가을
                      칠갑산 해랑달에서

손 철

방송인 · 화가 · 시인

제1부

묘비명	— 14
토담집	— 16
人生	— 17
山	— 18
이 · I	— 19
입맞춤	— 20
오징어	— 21
용기	— 22
모기 · I	— 23
키	— 24
털	— 25
손톱	— 26
때	— 27
침묵	— 28
침	— 29
눈꼽 · I	— 30
등	— 31
이 · II	— 32
하루살이	— 33
쥐	— 34
모기 · II	— 35

Contents

제2부

은행나무	– 38
탓	– 39
꿈	– 40
물거품	– 41
욕	– 42
아내 · I	– 43
너와 나	– 44
가족	– 45
맛	– 46
눈물	– 47
배	– 48
그래도 되는줄 알았습니다	– 49
기도	– 50
몸	– 51
배설 예찬	– 52
코딱지	– 53
비듬	– 54
개미	– 55
까불지 마라 · I	– 56
약속	– 57

제3부

구멍	− 60
맹물	− 61
그냥 · I	− 62
가보라	− 63
거꾸로	− 64
세상 변했다 · I	− 66
수의	− 67
길이 있어	− 68
女人	− 69
길	− 70
까불지 마라 · II	− 71
알겠다	− 72
눈꼽 · II	− 73
모르겠다	− 74
나무와 풀	− 75
그냥 · II	− 76
그대가 꽃이다	− 77
나라두	− 78
냅둬	− 79

Contents

제4부

슬픈 시	－ 82
서로	－ 83
아내 · Ⅱ	－ 84
아내 · Ⅲ	－ 85
인연	－ 86
왔다 간다 · Ⅰ	－ 87
짧은 시	－ 88
잠	－ 89
깜	－ 90
잔소리	－ 91
느티나무	－ 92
이만하면 됐다	－ 94
나부터	－ 96
버텨	－ 97
홍시	－ 98
가위 바위 보	－ 99
등대	－ 100

제5부

공존	- 104
공주역	- 106
이 · Ⅲ	- 108
겉절이	- 109
비울 채울	- 110
왔다 간다 · Ⅱ	- 111
아는 정情	- 112
똥배	- 113
낙엽을 덮어주오	- 114
창	- 116
그립다	- 117
공주역 가는 길	- 118
버려라	- 120
당신이었으면	- 121
목소리	- 122
아프다	- 123
죽을 준비	- 124

Contents

제6부

꽃비가 내리면	– 128
신발 한 짝	– 129
꽃 · I	– 130
새날이 오면	– 131
꽃비	– 132
토담	– 134
행복	– 135
풀꽃	– 136
꽃 · II	– 137
지워도	– 138
왔다가 그냥 갑니다	– 140
백년 후 오늘	– 142
향기촌	– 144
버텨	– 146
오로라	– 148
소중한 인연들 **이들 중에 대통령 될 사람이 있다**	– 149

『인연』 - 김만식 화백

1부

묘비명

왔다
간다

누구나
이 세상에
왔다 간다
울다가 웃다가
고민하고 괴로워하고
때로는 행복하게 살다가
때가 되면
풀잎에 맺힌 이슬 스러지듯
그렇게 스러져 간다.
누구나
덧없이
왔다 간다.

※ 친구에게 전화하니 그건 "거래야!"라고 말한다.

토담집

옹기종기 모여 살던
고향 토담집

토담집엔 그리움이
넝쿨처럼 자라고 있다

〈산골마을〉

人生

울고 태어난 세상
웃고 살다 가야지

山

늘 그 자리에 있지만
항상
변하고 있다

이 · I

겨드랑이에서
사타구니까지
목숨 걸고 가다가
잡혀
엄지 손톱에 눌려 죽었다
'가렵다'는 이유만으로…

입맞춤

쪽! ~

오징어

너랑
나랑
무슨 악연이길래
내가
너를
이렇게 이를 악물고
씹어야 하니?

용기

버틸 수 있게
해주는 것

모기 · I

살아있는 동안
남의 피만
몰래 빨아먹고
살게 하려면
神은
너를 만들지 말아야 했다.

키

키 큰 사람이나
키 작은 사람이나
키에 대한 생각을 하지 않으면
살아가는데
아무런 상관이
없다.

털

있을 자리에 있으면
꼭
필요하고
없어야 할 곳에 있으면
추해진다.

손톱

가려운 곳을 긁을 땐
손톱이 최고다.

때

세월의 이끼
세상
모든 것엔
다
있다

침묵

가장
큰
외침일 수 있다
소리 없는

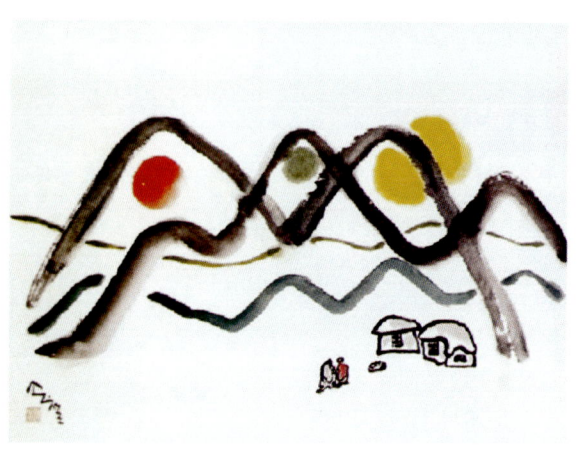

침

입 안에 있으면
깨끗한데
뱉어 놓으면
더럽다

눈꼽 · I

사랑이 눈물의 씨앗이면
눈꼽은 눈물의 열매다
눈꼽이라 쓰고 눈꼽이라 읽는다.

등

먼바다 등대 불 길어지고
테라스에 등불 하나 켜질 때면
엄마 등이 생각난다

젊어서 하늘나라 먼저 가신
엄마 등이 그리워진다

그리워진다

「등」 - 김만식 화백

이 · Ⅱ

없어진 거다
그냥
소멸된 거다
몸이 깨끗해서
그냥 안 생긴다

하루살이

달력에 붙어있는
하루살이는
하루 더
살 수 있을까?
하루살이는
사랑을 해보고 죽을까?
하루를 사는데도
열심히 날개짓을 한다.

쥐

왜?
있는걸까?

모기 · Ⅱ

왜?
살까?

『황금누드』 - 조남현 화백

2부

은행나무

은행 앞에 서있는
은행나무에
노숙자 하나 기대어
서있다
주머니엔
동전 한 닢 없이
은행에 드나드는
손님들의 모습을 보며
추억을
떠올려 본다

탓

남의 탓하는
손가락 하나가
그를 향할 때
다른 손가락들은
자신을 향하고 있음을
알라!

꿈

눈을 뜬 채 꾸는 꿈과
눈을 감고 꾸는 꿈
모두 다 꿈일 뿐
삶
그 자체가
꿈의 연속이다

물거품

잘났다 하지 마라
못났다 하지 마라
잘나고
못나고 가
잠시 왔다 사라지는
물거품 같은 것이니…

욕

이새끼 저새끼 나쁜새끼
개새끼 씹새끼 18새끼
이놈 저놈 나쁜놈
개놈 씹할놈 쳐죽일놈
옘병할놈 오라질놈 패죽일놈
때려죽일놈 쳐죽일놈 찢어죽일놈
육실할놈 제에미씨발놈
니기미씨발 좆같은놈 개같은놈
도둑놈 깡패새끼 후레자식
별로 쓸만한 욕이 없다
욕 같지 않은 욕은
하지를 말자

아내 · I

내 가슴 안에
살고 있는 사람

너와 나

나와 너
너와 나

멀어지면
외로우니까

우리 함께
같이 산다

가족

마누라 하나
아들 둘
남편 하나

속 썩일
딸이 없어서
행복하다

딸 하나 있었으면
해질녘마다
걱정하고 살았을게다

그래도
예쁜 딸 하나
있었으면 좋겠다

맛

김치찌개
된장찌개
삼겹살에
쇠주 한 잔
파전 한 장

때로는
칵테일 한 잔

이런
모든 것들을

행복해하는
님이 없다면
맛이 있을까?

눈물

멀미가 나도록
울어본 적이 있는가?
눈물이 메말라
짐승처럼
꺼이꺼이 목쉰 소리만 내며
그렇게 울어본 적이 있는가?
하도 많이 울고
울다 지쳐서
왜? 울고 있는지
잊어버리고
그냥 맥없이 울다가
웃어본 적 있는가?

배

배가 나오면
복부비만으로
죽는다는데
나는
배가 나왔다

어쩜
곧
죽을지도 모른다

죽으면
배가 들어가고
날씬해 지겠지

그래도 되는 줄 알았습니다

매일
술 마시고 들어오는 남편의
양말을 벗겨주는 아내
나는 그래도 되는 줄 알았습니다
아들 녀석 둘이 번갈아
사고를 내도 속으로만 고민하는 아내
나는 그래도 되는 줄 알았습니다
수입이 일정치 않아 적금통장을
깨고도 투덜대지 않는 아내
나는 그래도 되는 줄 알았습니다
감기약 값 아끼려고 밤새워
콜록대는 아내, 새벽이 돼서
잠이 든 아내의 부은 얼굴을 보며
나는 너무 미안했습니다
그러면 안 되는 거였습니다.

기도

아내는
내가
돈 많이 벌고
출세하고
힘 세어지라고
기도하고,

나는
아내의 기도가
이루어지라고
기도한다.

몸

서고 앉고
가고 오고
자고 싶을 때 자고
깨고 싶을 때
눈 뜰 수 있는,
먹고 싶으면 먹고
애절한 맘 생기면
시원하게 버릴 수 있는
몸으로 살 수 있는
나는
행복한 사람이다

배설 예찬

들어올 것 있으니
내보낼 것 있겠지
알짜는 남겨두고
찌꺼기만 밀어내라
소변으로 대변으로
땀으로
눈물로
그렇게 밀어내면
얼마나 속 시원한가?
오분 안에 해결되는
배설의 쾌감
오호!
정말 개운하니
통쾌 상쾌로다

코딱지

그놈 하나 때문에
인생살이가
이렇게
답답해질 수가 있나

패앵!
풀어버리면
시원할 텐데…

비듬

내 머리에 비듬은
보이지 않고
남의 어깨에 있는
하얀 비듬 몇 조각이
추하게만 보이니
이런
뭔가 잘못된 생각이다
비듬보다
더
추한게 많은데

개미

열심히 산다
부지런히 일하고
서로 도우며
말없이 그렇게
최선을 다하며
목숨이 끝날 때까지
일만 하고 산다

왜
그럴까?
잠깐
쉬어도 될텐데…

까불지 마라 · I

잘난척 하지마라
아는척 하지마라
힘센척 하지마라
있는척 하지마라
건방지게 행동마라
우쭐대지 마라
나서지 마라
덤벙대지 마라
남의 탓하지 마라
겸손하라
사랑하는 마음으로
용서하라
신중하라
어떠한 경우라도
까불지 마라

약속

지켜라

『태극』

『총 맞은 입술』 - 노재순 화백

3부

구멍

궁금해서
들여다보고 싶다

맹물

맹물도
나름대로
맛이 있다
더우면
더운대로
차면 찬대로

그냥 · I

그냥 왔다
그냥 간다
잠시 왔다
잠시 머물다
속절없이
떠나가는 人生
물거품같이
스러져 가는 人生
그냥
허허
웃고 살다가면
그것으로 행복이다

가보라

멀리서 바라만
보지 말고
가까이 가보라
가서
들어가
느껴보라

거꾸로

거꾸로
물구나무를 서서
세상을 보라
다른 세상이 보인다

앞에서
밀어서 열리는 문은
뒤에서 당기면
열린다.

동트기 전
새벽이
제일
어둡다

잘난 사람
못난 사람
서로
마주 보고
있다

움추린
개구리가
더
멀리 뛴다

세상 변했다 · I

예전엔
동트는 새벽에
닭이 울었다

요샌
시도 때도 없이
닭이 울어댄다

세상 변했다

수의

마지막 입는 옷에는
주머니가 없다

그냥
가라는 얘기다

길이 있어

길이 있어
가는 것이 아니라
사람들이 다녀서
길이 생긴 것이다

女人

겉만
여인이면
뭘하나

속이
여인이어야지

길

가다 보면
길이 되고
길이 되면
또
가는 사람이
있다
길이 없으면
다녀서
길을 만든다
그것이
참
길이다

까불지 마라 · Ⅱ

까불지 마라
잘 못 까불면
다 날아간다

알겠다

올 때 오고
갈 때 가고

지울 때 지워야지
벗겨낼
때가 지나면
그냥
때로 남는다는 것을
알겠다

눈꼽 · II

사랑이 눈물의 씨앗이면
눈물의 열매는 눈꼽이다

모르겠다

잘 때 깰 때
갈 때 올 때
만날 때 떠날 때
그때는 알겠는데
몸에 생긴 때는
왜?
때라고 하는지
모르겠다

나무와 풀

여보게
키 작은 나무를
풀이라 하지 말고
키 큰 풀을
나무라 히지 말게

커도 풀은 풀이고
작아도 나무는 나무라네
보이는 것이
원칙은 아닐쎄

그냥 · II

왜냐고 묻지 마라
어디서 와서 어느 곳으로 가는지
어찌 살았는지 알려고 하지 마라
왜 가느냐고 묻지도 마라
그냥 간다
아주 간다

그대가 꽃이다

꽃이 그대이고
그대가 꽃이다

꽃이 향기롭듯
그대도 향기롭다

내가 꽃을 좋아하니
그대가 내 앞에 피었다

나의 사랑을 머금고
그대는 꽃으로 피었다

나라두

부처님
나라를 구하기 힘들면
나 라도 구하여 주세요

『형제』

냅둬

냅두면 꽃이 피듯
냅두면 살아져

냅두면 해가 뜨듯
냅두면 해결돼

아파하지 말고
그냥 냅둬

「달사랑」 - 허정민 화백

4부

슬픈 시

이별
안녕
잘가라!
끝!

이보다
슬픈 시는 없다

서로

서로 마주보고 사랑하라
서로 위로하며 함께가라
서로 용서하고 포옹하라
서로 같은길로 걸어가라
서로 주고받아 행복하라
서로 두손잡고 평생웃자

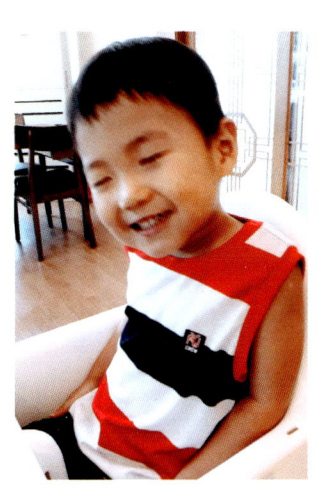

손서로 (6세)

아내 · II

늘
한결같은 사람
항상 그 자리에 있는 사람
소중한 사람
맛있는 게 있으면
제일 먼저 생각나는 사람
좋은 곳에 함께 여행 가고 싶은 사람
포근한 잠자리에서 함께 자는 사람
사랑한다는 말을 천만 번 해도 좋은
그래도 부족한 사람
먼 곳에 있어도 가까운 사람
눈을 흘려도 이쁜 사람
가족의 행복과 건강을 위해
무릎이 닳도록 부처님께 절하며
기도하는 사람

아내 · Ⅲ

내 가슴에 피어난
예쁜 꽃 한 송이
항상 사랑스럽다

인연

씨줄과 날줄로
베옷을 짜듯이
그렇게 얽혀 있다

어디서 무엇이 되어
다시 만날 수 있을지
알 수는 없지만
만나게 된다면
만나야 한다면
그것은 인연이다

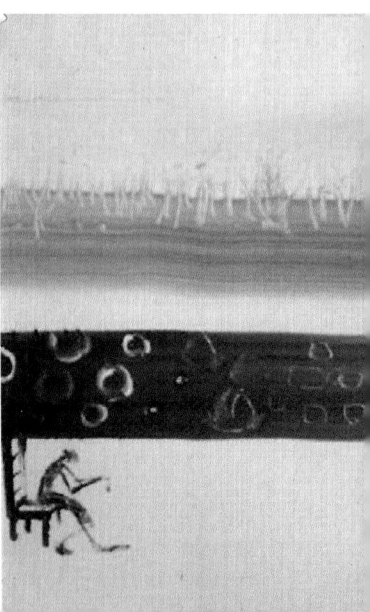

왔다 간다 · I

나의 묘비엔
「왔다 간다」
라고 써라
잡글이 필요 없다

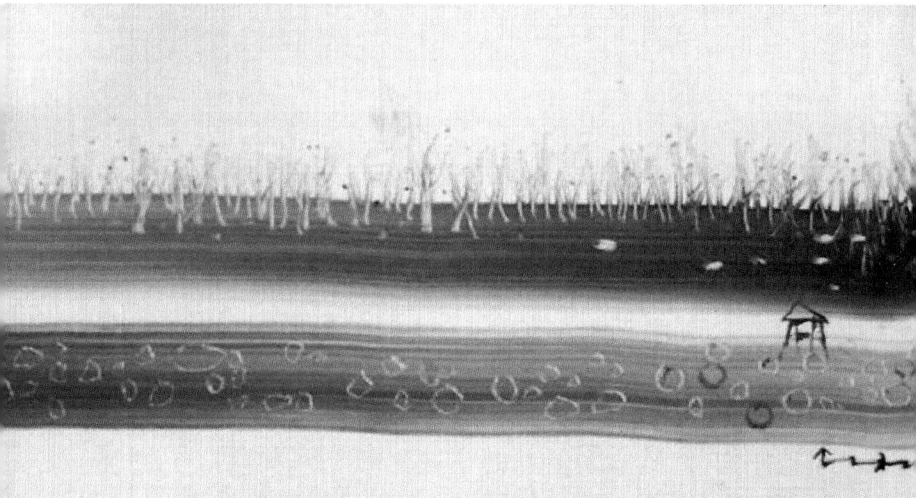

짧은 시

사랑해
많이 사랑해
영원히!

잠

죽은 듯 잠들고
잠든 듯 가야지

깜

결혼식장에
신랑깜이 없고
신부깜도 없네

대통령깜은 없고
대통령 후보만 많네

깜이 아니면 나서지나 말지
대통령깜을 찾지 못하여
국민들의 가슴은 타들어가고
속이 상하네

잔소리

알아서 잘하면
잔소리 왜 하겠니?

잔소리 듣고 잘하면
잔소리 좀 해야겠다

느티나무

오래된 나무는 생각도 깊고
생각이 깊어서 오래 살지

생각이 짧은 인생과
생각이 깊은 느티나무
사람과 느티나무는
정답게 마주 보고 서있지

느티나무 그늘에 앉아
백 년 후의 우리는
어디쯤에 있을까를 생각해 봐
아마
바람이고 구름이거나
한줄기 눈물 같은
빗물 일지도 몰라

하얀 나비나
빨간 장미로 피어날 수도 있지만
어쩌다가
밤새 우는 소쩍새가 될지도 몰라

이만하면 됐다

고운님 곁에 있어
손잡을 수 있고
입 맞출 수 있으니
이만하면 됐다
이것이 사랑이다

추운 겨울 포근히 나고
더운 여름 시원히 지내니
이만하면 됐다
이것이 행복이다

가고 싶은 곳에 갈 수 있고
있고 싶은 곳에 머물 수 있으니
이만하면 됐다
이것이 축복이다

먹고 싶을 때 먹고
자고 싶으면 자고
하고 싶은 일 할 수 있으니
이만하면 됐다
이것이 인생이다

손서아 (8세)

나부터

하나님!

나쁜 이를 벌해야 한다면
나부터 택하여 주옵소서

버텨

아프고 힘들어도
슬프고 괴로워도

그냥 버텨!
버텨야 웃을 수 있어

홍시

따가운 햇살과
엄청난
폭풍과 천둥번개를
견뎌내고
수줍게 매달려 있는
홍시 하나

까치 한 마리가
날아오고 있다

가위 바위 보

모두 다 이기고
모두 다 진다
이기고
지는 게 없으니
그게 인생이다

이기는 게 지는 것이요
지는 게
이기는 것이다

가위
바위
보가
인생이다

등대

등대가
외로워 보이지만
외롭지 않은 이유는
희망을 향해 나르는 갈매기와
꿈을 꾸는 사람들이
바라보고 있기 때문이야

등대가
어둔 밤에 더욱더 빛나는 건
거센 파도 헤치며 표류하는
안타까운 님을 위해서야

내가 등대되어
깊은 밤 풍랑 속의
넓은 바다 한켠에서

사랑하는 그대만 바라보며
님을 향한
그리움으로 서 있을 거야

『부처님』 이향 화백

5부

공존

삶과 죽음은
함께 있다
동전의 양면처럼
같이 있다

행복과 불행도
같이 있고
기쁨과 슬픔도
함께 있다

시작과 끝
출발과 도착이
같은 곳이고
가면 오고
오면 가는 것이
인생이다

하늘과 땅
물과 불이
공존하고 있어
새들이 노래하고
벌 나비가 춤을 추며
꽃이 피어난다

공주역

공주역엔 미소가 고운
예쁜 공주가 있다
오가는 모든 이들
반갑게 대해주는
착한 공주가 있다

공주역엔 하얗게 웃어주는
선한 공주가 있다
흐린 날 갠 날 상관없고
천둥 번개 요란해도
아가처럼 배시시 웃어주는
친절한 공주가 있다

오늘은 님께서 오시는 날
미소 고운 공주가 있어
모두가 즐겁고 행복한

공주역에 간다
잰걸음으로 님 보러 간다
신명 나게 님 마중 간다

이 · Ⅲ

육이오 사변 때
겨드랑이에서 사타구니까지
목숨 걸고 기어가다 잡혀서
엄지손톱에 눌려
피 터져 죽었다
엄청난
난리였다

겉절이

겉에 붙어 있다고
우습게 보지 마라
제대로 양념 버무려
맛을 낸 겉절이다

덤으로 살았어도
제 맛 내는 겉절이만큼
너는 삶의 참 맛을
알고 살았느냐?

겉절이라고
하찮게 생각 마라
매운 고추로 버무린 겉절이가
뜨거운 정열을 네게 줄 테니

비울 채울

고추 심으면 고추 나고
배추 심으면 배추 나듯
꿈을 꾸면 꿈을 이루지

사랑하면 사랑받고
미워하면 미움 사듯
세상사 모든 씨앗은
뿌린 대로 거두는 것

비워야 채우지
정다운 손 마주 잡고
비울 채울 신명 나게
웃으면서 살아보세
행복하게 살아가세

왔다 간다 · Ⅱ

아침에 눈 뜨고
저녁에 잠들듯
왔다가 가는 인생

행복한 사람도
불행한 사람도
모두 다 왔다 간다

모노드라마의
코미디언으로
웃기고 울리다
그냥 왔다 간다

아는 정情

모르는 아이들이 뛰면
시끄럽고
아는 아이들이 뛸 때
즐거워지는 이유는
아는 정 때문이다

똥배

먹어서 볼록
굶어도 볼록

앉아도 구부정
서서도 구부정

똥배가 만든
어색한 미소

낙엽을 덮어주오

내 삶의 마무리는
하늘 푸른 가을날에 하겠소
다 살고 떠나거든
말끔히 화장하여
느티나무 아래에 뿌리고
고운 낙엽 모아다가
이불처럼 덮어주오
나는 늘 푸른 나무가 되어
서로서로 찾아오면
행복 그늘 만들어주고
사랑 바람 전해주리다
할멈도 가끔은 낙엽을 주어다
살포시 덮어 주시구려
그러면 죽어서도 좋을 것 같소
낙엽이 풍성한
가을에 갈 테니

할멈은 낙엽 모으기에
힘들이지 마오
고운 낙엽 몇 장이면
나는 포근히 잠들 수 있을게요

해랑달 메타스퀘이어

창

밖에서는 안이 보이고
안에서는 밖이 보이지

네 맘이 보이듯
내 맘도 보이면
서로 잘 보이게
창을 깨끗이 닦고
커튼은 열어놔야겠다

그립다

보고 있어도 그립고
눈을 감아도 그립다

멀리 있어도 그립고
함께 있어도 그립다

언제나 네가 그립다
날마다 네가 그립다

그리워서 시를 쓴다

공주역 가는 길

안개가 꿈처럼 내려앉아
더디게 가지만
조금은 여유가 있으니 됐다
장곡사에서 공주역 가는 길
짙은 안개와 빙판길이라
조심스레 더듬어 가더라도
님 마중 가는길이여서
행복하니 그것으로 됐다

겨울 안개는 흰 꽃 풍경이 되고
할배가 소년 되어
공주역에 가면
할미는 소녀처럼
공주역에 와서
새색시마냥 수줍게 웃으며

한 걸음에 달려와 안길 테니
할배는 아이처럼 휘파람 불며
고운님 만나러 공주역에 간다

버려라

눈꼽 귀지 때
코딱지 콧물
오줌똥 가래침
미련 없이 버려라

몸속에 있을 땐
추하고 더러운 줄 모르지만
몸 밖에 버려지면
더럽고 추하다

깨끗하게 살고 싶으면
비워 버려라
미련 없이 비워
버려라

욕심 몽땅 버리고
진실만 안고 살아라

당신이었으면

내가
이 세상 떠나도
누군가의 가슴에
별이 되어 빛나길
두 손 모아 기도로
소망하는데
그가 당신이었으면
참 좋겠습니다

목소리

핸폰에서 들려오는
사랑스런 목소리에
나는 소년 되고
볼 붉어지더니
금세
가슴에 빨간 장미가 피었다

아프다

바람에 지는 꽃잎
홀로 우는 산새
서산마루의 붉은 노을이
나를 아프게 한다

네가 떠난 뒤
네가 머물던 자리가
너무 크다는 걸 알고
나는 많이 아프다

떠나면서 보낸
이별 노래 카톡이
가슴 시리게 하고
죽을 만큼 아프다

죽을 준비

왜 사느냐고 물으시면
그냥
말없이 웃어 보이고
왜 웃냐고 그러시면
사는 게
다 그런 거 아니냐고
대답하지요

사는 것이 즐거웁다 말하는 이도
사는 것이 괴롭다 말하는 이도
결국은 말없이
두
눈
감을 텐데

오늘을 착실히 살고 있는 것은

내일
안락하게 죽기 위함일진데
사람은
자연으로 돌아가기 위해
모두들
열심히 죽을 준비를 하고
생명의 끝이
죽음이라는 것은
너무나
부정할 수 없는 사실

해질녘
서산마루 노을빛 물든
작은 동산에
꽃 무덤 하나가
내 집인 것을……

『희망』 - 손철 화백

6부

꽃비가 내리면

팝콘이 터지듯
벚꽃이 피더니
고뇌하는 얼굴 위에
비처럼 내린다

꽃비가 내리면
이 세상 모든 일들은
덮혀져 버린다
사랑도 미움도 모두

신발 한 짝

길 위에 신발 한 짝
엎어져있다
찻길에 떨어져 있다
주인을 알 수 없는
낡은 신발 한 짝
내동댕이 처져있다
널브러져 있다

신발의 주인은
어찌 됐을까?
왠지, 그냥 속상하고
가슴이 저려온다

꽃 · I

꽃이 피어도
서러운 것은

피었다가
시들기 때문이지

네가 꽃이라서
내가 슬픈가 봐

꽃처럼
우리도 시들꺼야

새날이 오면

어두운 밤 지나고 새날이 오면
힘겨웠던 지난날 잊어야겠지
서러운 날 지나고 그 님이 오면
이 마음 모두 바쳐 사랑하겠네

까만 밤이 지나고 아침이 오면
미워했던 사람들 지워야겠지
외로운 날 지나고 내 님이 오면
이 생명 모두 다해 사랑하겠네

동트기 전 새벽이 어둡다 해도
찬란한 태양은 떠오를 테니까

꽃비

님이 오시려는지
꽃비가 내리네요
나비처럼 흩날리는
꽃잎처럼 오시면 좋겠어요

하얀 꽃잎이
소리 없이 내리네요
꽃잎처럼 고운님이
내게로 오시면 좋겠어요
우산 없이 그냥 와도 좋고요
예고 없이 몰래 와도 좋아요

꽃비 맞고 오시는 님
오늘은
꼭 안고 놓지 않을래요

고운님 품에 안고
꽃비 속에 스러져
잠들겠어요

토담

옹기종기 모여 살던
고향 토담집

그곳엔 그리움이 있다

행복

세상에 태어나며
내가 울 때
모두들 웃었고

이 세상 떠나며
내가 웃을 때
남은 이들이
이별이 아쉬워
눈물을 보인다면

한평생 살아본
아름다운 이 세상
소풍 같은 인생길이
한 번쯤은 살아볼 만했다고
행복했었다고 말하리라

풀꽃

바위 위에서
풀꽃이 피는 걸 보면
돌 보다 풀이 강한 거다

꽃 · Ⅱ

바람이 불어오고
햇살이 눈부셔도
처음부터 있던 자리에
고운 모습으로 서있어서
꽃이 아름다운 거다

천둥 번개 치고
폭우가 쏟아져도
서로 부대끼다 마주 보고
침묵으로 사랑만 하니까
아름다운 꽃인 거다

화사하게 피었어도
때가 되면 시들 것을
알고 있었기 때문에
꽃은 시들어도
울지 않는 거다

지워도

너무나 깊게 자리하고
하도 그리워서
당신의 이름이
지워지지 않습니다

가슴속 깊이 남아있고
내 입술에 머물러있어
숨 쉬듯 부르던 이름
지워도 지워지지 않아
자꾸만 되뇌입니다

지워도 지워도
지워지지 않는 이름
당신의 이름입니다

지금은 떠나버린
불러도 대답 없는
당신의 이름을 작은 소리로
조심스레 불러봅니다
지워도 지워지지 않는 이름
그대의 이름입니다

왔다가 그냥 갑니다

영롱한 이슬이
바람에 스러지듯

곱게 핀 꽃송이가
시들어 떨어지듯

아름다운 세상에
왔다가 그냥 갑니다

바람에 구름 가듯
나비 되어 날아갑니다

오갈 곳 몰라도
왔다가 그냥 갑니다

왔다가 그냥 갑니다
　　　　　 金 哲 . 시

영롱한 이슬이
바람에 스러지듯
곱게 핀 꽃송이가
시들어 떨어지듯
아름다운 세상에
왔다가 그냥 갑니다
바람에 구름가듯
나비되어 날아 갑니다
오갈곳 몰라도
왔다가 그냥 갑니다

2021. 7

장 사 의 씀

백년 후 오늘

오늘 이 자리에 서 있는 나
백년 후 오늘엔
구름이고 바람이겠지

지금 이곳에서 웃고 있는 당신
백년 후 오늘은
고운 꽃이 되어 피어나겠지

여기 다정히 손잡고 있는 우리
백년 후 손잡고 있는 우리
백년 후 오늘쯤
마주 보고 서 있는 나무가 되겠지

나비가 되고 새가 된 아이들 쉬다가라고
넓은 팔 벌려 그늘 만드는
아낌없이 주는 나무가 되겠지

백년 후 오늘
어떤 사람
이 시를 읽으며
빙그레 웃고 있겠지

향기촌

개울가 버들강아지
앞산에 진달래 철쭉꽃 필 때
봄바람에 고추가 시려워도
헐렁한 바지 입고 가재를 잡던
개구쟁이 시절이 하도 그리워
반백의 머리로 되돌아온
아름다운 곳

종달새랑 꾀꼬리는 짝 찾아 울고
다람쥐랑 산토끼가 함께 놀던 곳
깡똥치마 팔랑이며 웃던 순이랑
코흘리개 친구들이 너무 그리워
흘러간 세월에 주름진 모습으로
쓸쓸히 찾아온 보금자리

앞만 바라보며 살다 보니
되돌아보지 못했다

이제는 마음 비우고 욕심 없이
싱그러운 자연 속에서 살아야지
향기로운 어른으로
멋스런 노인으로
아름답게 늙어 가야겠다

노을이 아름다운 날

난항천리 인향만리 라고
써 놓고 혼자 웃는다
해맑게 웃는다
철없는 아이처럼 웃는다

---

* 향기촌은 "행복한 문화나눔공동체 – 사색의 향기" 회원들의 도시 피난처이자 도시인의 집단 귀촌에 대한 꿈을 실현시켜 드리는 공동체 마을

버텨

어지간하면
그냥 버텨봐

그러면 좋아질꺼야

지금 힘들어도
참고 버텨봐

버티면 행복해질꺼야

오로라

나는 죽어서
신비롭고 황홀한
오로라가 되려 하니
그대는 곱고 아름다운
무지개가 되어주오

남아있는 이들은
고운 꽃으로 피어나
환하게 웃는 모습을
보여 준다면 좋겠소

파랑새가 된
나의 가족들은
축배의 잔을 들고
춤추며 노래하면
더욱 좋겠소

소중한 인연들
이들 중에
대통령 될 사람이 있다

손 철

삼성이	병철이	철원이	찬형이	현 수	명환이
기철이	혜 규	김종수	김태촌	김태욱	백승현
양승현	양익모	양경희	신현태	이규영	신용식
김진술	김옥태	최재봉	서병희	최문철	정근택
이경태	김민수	노은상	전영수	신현수	신광섭
권상주	김영수	이충근	박개천	이복수	홍인수
엄영수	홍순정	김영길	한상진	한상우	안정훈
김재인	장종우	임항렬	김부여	박일남	조창조
최창식	최창우	홍광식	김영헌	김태환	서인석
전유성	김광진	김소웅	김인수	이주호	정충희

오형록	김태권	이혜경	임희숙	임주리	조영남
임하룡	한등섭	한종수	김창수	양태수	주광석
김종대	신만재	한광석	노승수	조동성	정상태
서석근	강찬수	가상현	최준락	김종삼	안상수
백기종	유진수	정찬우	이혁재	윤정수	정일모
장형모	양춘석	김영태	장성길	김두관	장동혁
임정혁	박서진	양승조	백남중	정광모	김병래
이인용	박기출	김선태	이덕요	김재봉	김상철
원희룡	김윤석	김병곤	이한욱	장상봉	정상봉
최배근	정해영	유수열	심대평	서성만	문병식
문국현	민성기	허경영	이철식	신현국	임수홍
김선우	이광석	박 걸	리 성	신성만	김남철
김학민	김시환	김석환	임항빈	주오택	황성일
최병혁	나소열	조경호	장보상	최남철	김명학
김호수	염문영	황규환	서경석	박길자	전정희
곽지영	신미옥	박성옥	권오선	최종기	김택진
장세봉	김용남	김광수	김일권	최정락	윤은열
이인경	고남종	선치호	엄홍길	김재엽	이봉걸

이만기 문장수 이일준 김정호 김의경 김봉곤
주진우 박종국 유석종 김영애 홍승환 김재식
허성필 구련옥 오민주 이 성 양기선 노재순
하정민 박성국 박성규 최상재 이상호 나희망
김중식 이희철 손 민 신지수 손 현 손서아
손서로

                       국민의 뜻에 따르는자
                          대통령이 되리니
            모든 헌법은 국민으로 부터 나온다

왔다가 그냥 갑니다

초판 인쇄   2021년 11월 1일
초판 발행   2021년 11월 7일

지은이 손 철 (010-2970-8191)
발행인 임수홍
디자인 맹신형
기 획 김종대

발행처 한국문학신문
주 소 서울 강동구 양재대로 114길 32 2층
전 화 02-476-2757~8   FAX 02-475-2759
카 페 http://cafe.daum.net/lsh19577
E-mail kbmh11@hanmail.net

값 19,800 원

ISBN 979-11-90703-41-3

· 저자와의 협약에 의해 인지는 생략합니다.
· 이 시집의 글은 저작권법에 따라 보호를 받는 저작물이므로 저자와 출판사의 동의 없이는 무단 전재 및 무단 복제를 금합니다.

· 잘못된 책은 바꾸어드립니다.